Disney

Docteur La Peluche

Doc est malade

hachette
JEUNESSE

Comme tous les matins, Doc la Peluche ouvre les portes de la clinique. Aussitôt, son stéthoscope magique donne vie aux jouets.

Hourra, ils ont hâte de s'amuser ! Mais la fillette est fatiguée. Et puis, elle doit ausculter Chocotte qui se sent barbouillé...

– Oh là là, j'ai du mal à réfléchir ! gémit Doc la Peluche.

Elle se concentre et dit :

– J'ai un diagnostic ! Chocotte va bien, il digère juste son petit déjeuner et...

Atchoum ! La fillette se met à éternuer !
– Le docteur est malade ! s'exclame Câline.

Ça alors, ce n'est pas banal !
– À notre tour de te soigner, Doc ! dit Toufy.
Hallie ausculte alors la fillette, qui éternue à nouveau

et se mouche beaucoup.

– J'ai un diagnostic ! lance soudain le dragon bleu. Notre Doc souffre de nezquicoulite !

Une chance que la Maman de Doc la Peluche soit médecin ! Sur les conseils de ses amis, la fillette court la consulter.

Maman la conduit dans son cabinet pour vérifier sa température.

– Tu as de la fièvre, dit-elle. Tu as un gros rhume, tu dois rester au lit, ma chérie.

Vite, Maman installe Doc la Peluche bien au chaud sous les draps. Puis elle laisse la fillette se reposer.

Mais Câline, Toufy, Hallie et Chocotte viennent s'occuper d'elle tous en même temps ! Quel raffut !

Toufy fonce lui chercher un verre d'eau. Hélas, il trébuche sur le tapis... La fillette bondit du lit juste à temps pour rattraper le verre en plein vol.

– Vous êtes gentils, mais j'ai besoin de calme pour guérir, explique-t-elle à ses amis.

– Alors, nous te ferons des câlins ! répondent-ils tous en chœur.

Plus tard, Maman est ravie : Doc la Peluche n'a plus de fièvre !

– C'est grâce aux câlins de mes amis ! affirme la fillette.

Et dès le lendemain, elle peut rouvrir sa clinique. Elle se sent en pleine forme pour réparer les jouets… avec l'aide de ses amis, bien sûr !

D'après la série TV de Disney Junior

Édité par Hachette Livre – 43 quai de Grenelle, 75905 Paris Cedex 15
Imprimé par Orymu en Espagne – Achevé d'imprimer : février 2015
ISBN : 978-2-01-000234-2 – Édition : 02 – Dépôt légal : juillet 2014
Loi n°49-956 du 16 juillet 1949 sur les publications destinées à la jeunesse.
Pour tout renseignement concernant nos parutions, nous contacter par téléphone au 01 43 92 38 88 ou par e-mail : disney@hachette-livre.fr